EVERALDO DIAS VIEIRA

GESTÃO
ESTRATÉGICA

Caminhos para o Crescimento Empresarial e a
Excelência Organizacional

Everaldo Dias Vieira

GESTÃO ESTRATÉGICA:
CAMINHOS PARA O CRESCIMENTO EMPRESARIAL E A EXCÊLENCIA ORGANIZACIONAL
Coordenação editorial:
Gilson Mello

Projeto gráfico:
Flórida Business Academy

Correção, revisão e copidesque:
Fabiana Mello

Direção Geral:
Gilson Mello

Primeira edição 2024

Dados Internacionais de Catalogação na Publicação (CIP)
Dias Vieira, Everaldo
Gestão Estratégica:
Caminhos Para O Crescimento Empresarial E A Excêlencia Organizacional
Everaldo Dias Vieira; Rio de Janeiro-RJ: Flórida Business Academy
Negócios, 2024.
141 p.
ISBN: 9798300108656
1. Negócios 2. Realização pessoal. 3. Sucesso

Sumário

Prefácio -- 5

Introdução --- 11

Capítulo 1:

Construindo Fundamentos Sólidos para a Gestão Estratégica --- 17

Capítulo 2:

Diagnóstico Organizacional – Onde Estamos Agora? --- 51

Capítulo 3:

Liderança Estratégica e Gestão de Pessoas ----------------- 65

Capítulo 4:

Eficiência Operacional – Fazendo Mais com Menos ----- 77

Capítulo 5:

Gestão Financeira Estratégica ---------------------------------- 85

Capítulo 6:

Inovação e Transformação Digital ------------------------------ 93

Capítulo 7:

Governança Corporativa e Sustentabilidade ------------ 103

Capítulo 8:

Gestão de Crises e Resiliência Organizacional ----------- 111

Capítulo 9:

Alinhando a Estratégia à Experiência do Cliente ------- 121

Capítulo 10:

Indicadores de Desempenho e Resultados --------------- 129

Conclusão -- 137

Prefácio

Everaldo Dias Vieira

Conheci o autor deste livro há 20 anos, quando ambos iniciávamos nossa jornada acadêmica no curso de Matemática da Universidade do Estado do Rio de Janeiro. Naquele momento, Everaldo já demonstrava uma característica que o acompanharia ao longo de toda a sua trajetória: o esforço implacável e a determinação em alcançar seus objetivos. O curso de Matemática, reconhecido por sua complexidade, exigia muito mais do que apenas conhecimento técnico. Para quem, como ele, vinha de uma origem simples, os desafios eram ainda maiores. Porém, não havia obstáculo capaz de impedi-lo de avançar.

Superação e determinação eram seus princípios fundamentais. Ao longo dos quatro anos de curso, dos 50 alunos que iniciaram a graduação, apenas cinco conseguiram se formar. Everaldo foi um desses poucos, um exemplo claro de perseverança, foco e disciplina. Esse feito não foi fruto do acaso, mas resultado de sua constante busca pela excelência, sua capacidade de não desistir diante das dificuldades, sua organização e seu incansável esforço.

Ao saber que Everaldo dedicaria seus esforços à escrita deste livro sobre excelência organizacional, não tive dúvidas de que o resultado seria um trabalho de alto nível, repleto de conteúdo relevante para aqueles que buscam entender e aplicar os princípios de gestão e liderança. Como sempre fez em sua trajetória acadêmica, ele se entregou de corpo e alma ao desafio, oferecendo aos leitores não apenas teoria, mas também uma abordagem prática e eficaz sobre os desafios e as estratégias para alcançar a excelência em qualquer organização.

Este livro, composto por 10 capítulos que apresentam soluções aplicáveis a problemas reais do ambiente corporativo, vai além do conteúdo teórico, tornando-se profundamente transformador para quem busca aprimorar suas habilidades de gestão e liderança. Sem dúvida, ele se tornará uma valiosa referência para todos que almejam crescer em suas carreiras, seja como líderes, gestores ou profissionais em busca de evolução. A experiência e a visão de Everaldo, aliadas à sua trajetória de superação, fazem dele um autor que merece ser ouvido e consultado por todos que buscam excelência e sucesso no mundo corporativo.

Jansley Alves Chaves

Introdução

Vivemos em um momento único na história dos negócios. A velocidade das mudanças tecnológicas, o aumento da competição global e as expectativas crescentes de consumidores e investidores colocaram a gestão estratégica no centro do sucesso empresarial. Mais do que nunca, líderes e gestores precisam ser capazes de navegar por cenários complexos, equilibrando eficiência operacional, inovação e responsabilidade social. Foi pensando nesse contexto que decidi escrever este livro, compartilhando não apenas as lições que aprendi ao longo da minha trajetória, mas também ferramentas práticas que podem ser aplicadas por organizações de diferentes setores.

Minha experiência profissional, tanto no setor público quanto no privado, mostrou que governança, transparência e responsabilidade social não são apenas conceitos abstratos; são fundamentos práticos que podem transformar a maneira como as empresas operam. No setor público, por exemplo, a governança é vital para garantir que os recursos sejam utilizados de forma eficiente e responsável. Quando levei esses princípios para as empresas privadas com as quais trabalhei como consultor, vi de perto como práticas de transparência aumentavam a confiança dos stakeholders e como a adoção de iniciativas de responsabilidade social fortalecia culturas organizacionais e gerava resultados de longo prazo.

Este livro foi estruturado para ser um guia prático, organizado em capítulos que refletem os principais desafios e oportunidades da gestão estratégica. Começaremos com a importância de construir fundamentos sólidos para a estratégia organizacional, explorando como missão, visão e valores podem alinhar equipes e nortear decisões. Depois, avançaremos para a análise interna das organizações, discutindo como um diagnóstico claro do estado atual pode revelar áreas de oportunidade e risco.

A liderança também será um tema central. Em um mercado em constante transformação, líderes não apenas precisam inspirar suas equipes, mas também criar ambientes que fomentem a inovação e o aprendizado contínuo. Outro ponto crítico será a eficiência operacional: como fazer mais com menos, otimizando processos e utilizando ferramentas tecnológicas de forma estratégica.

Discutiremos também a importância da sustentabilidade e da responsabilidade social, não apenas como um diferencial competitivo, mas como um compromisso ético que beneficia tanto a sociedade quanto os negócios. A transformação digital, inevitável no cenário atual, será abordada como um motor de inovação e crescimento. Por fim, exploraremos como medir resultados por meio de indicadores de desempenho e como criar uma cultura organizacional que valorize a excelência e a melhoria contínua.

Cada capítulo deste livro começa com um problema a ser resolvido, algo que gestores enfrentam no dia a dia. Em seguida, apresento soluções práticas, baseadas em minha experiência e em exemplos reais. A conclusão de cada capítulo oferece uma síntese dos aprendizados, conectando-os ao tema geral do livro.

Minha intenção é que, ao final desta leitura, você se sinta capacitado a aplicar esses princípios e estratégias no seu contexto, seja como líder de uma grande organização, gestor de uma pequena empresa ou empreendedor em busca de crescimento sustentável. A gestão estratégica, quando bem executada, tem o poder de transformar não apenas negócios, mas também vidas. E este é o convite que faço a você: embarcar comigo nesta jornada de aprendizado e transformação.

Capítulo 1
Construindo Fundamentos Sólidos para a Gestão Estratégica

Um dos principais desafios enfrentados por muitas organizações hoje é a ausência de uma estruturação estratégica clara e funcional. Sem uma base sólida, as empresas frequentemente se veem navegando sem direção definida, respondendo reativamente às demandas do mercado em vez de liderar proativamente suas operações e crescimento. Essa lacuna afeta não apenas os resultados financeiros, mas também o engajamento dos colaboradores, a confiança dos stakeholders e a capacidade da organização de se adaptar a mudanças.

A falta de estruturação estratégica manifesta-se de várias formas, como a ausência de uma missão clara, objetivos mal definidos, comunicação inconsistente entre as equipes e decisões tomadas sem um alinhamento com a visão de longo prazo. Essa desconexão gera ineficiências, reduz a competitividade e, em muitos casos, resulta em frustrações tanto para a liderança quanto para os colaboradores.

Por exemplo, imagine uma empresa que decide expandir para novos mercados sem uma análise detalhada do ambiente externo e sem alinhar sua equipe a esse objetivo. O resultado pode ser uma campanha de marketing desalinhada com a cultura local ou investimentos em infraestrutura que não geram o retorno esperado. Sem uma estrutura estratégica clara, os esforços se tornam fragmentados, desperdiçando tempo, recursos e oportunidades.

Neste capítulo, abordaremos como superar esse problema estruturando os fundamentos estratégicos da organização. Uma base sólida não é apenas um alicerce para o crescimento, mas também um guia que orienta todas as ações e decisões, garantindo que a organização avance de forma coesa e consistente.

Definir a Missão, Visão e Valores da Empresa

A base de uma gestão estratégica bem-sucedida começa com a definição clara da missão, visão e valores de uma organização. Esses elementos são mais do que palavras em um documento corporativo; são o alicerce sobre o qual todas as decisões e ações são construídas. Eles fornecem direção, propósito e identidade à empresa, orientando tanto os líderes quanto os colaboradores em momentos de crescimento ou de desafio.

Missão: O Propósito da Organização

A missão define o propósito central da empresa: por que ela existe e qual impacto deseja gerar no mundo. Uma missão clara responde às perguntas: *O que fazemos? Para quem fazemos? E por que fazemos?*

Por exemplo, uma empresa de tecnologia pode ter como missão: *"Fornecer soluções inovadoras que simplifiquem a vida das pessoas por meio da tecnologia."* Essa declaração não apenas comunica sua função, mas também inspira os colaboradores ao conectar o trabalho diário com um objetivo maior.

Ao estabelecer a missão, é essencial envolver as principais partes interessadas da organização, desde a liderança até os funcionários. Isso garante que a declaração reflita as verdadeiras prioridades e motivações da empresa, criando um senso de pertencimento e propósito entre todos os envolvidos.

Visão: O Futuro que a Empresa Deseja Construir

A visão descreve onde a organização quer chegar no futuro. Ela é aspiracional, um objetivo a longo prazo que inspira e orienta. Uma visão bem definida deve ser ambiciosa, mas alcançável, além de fornecer um norte claro para a tomada de decisões estratégicas.

Por exemplo, uma empresa de moda fitness pode estabelecer uma visão como: *"Ser líder no mercado global de roupas esportivas sustentáveis até 2030."* Essa declaração ajuda a alinhar todos os esforços organizacionais com uma meta comum, garantindo que os recursos e ações estejam voltados para um futuro desejado.

Ao definir a visão, é importante comunicar regularmente esse objetivo aos colaboradores, reforçando o compromisso da empresa com o crescimento e o impacto positivo.

Valores: Os Princípios que Guiam as Ações

Os valores são os princípios e crenças fundamentais que orientam o comportamento organizacional. Eles definem como a empresa interage com colaboradores, clientes e a sociedade em geral. Valores como integridade, inovação, respeito e responsabilidade social criam uma base ética para as decisões e ajudam a moldar a cultura organizacional.

Por exemplo, uma organização que valoriza a transparência tomará decisões abertas e comunicará de forma honesta com seus stakeholders, enquanto uma empresa que prioriza a sustentabilidade buscará práticas ecologicamente responsáveis em todas as operações.

Ao estabelecer os valores, é fundamental que eles sejam autênticos e incorporados à cultura da empresa. Não basta listar palavras; os valores devem ser vividos diariamente, desde a liderança até as equipes operacionais.

Benefícios de Definir Missão, Visão e Valores

Quando uma organização define e implementa claramente sua missão, visão e valores, ela cria uma base sólida para:

- **Tomada de Decisões Alinhada**: Todas as escolhas estratégicas são orientadas por um propósito claro.

- **Engajamento de Colaboradores**: Os funcionários se sentem conectados a um objetivo maior, aumentando a motivação e a produtividade.

- **Construção de Reputação**: Clientes e parceiros reconhecem a autenticidade e o compromisso da empresa com seus princípios.

- **Resiliência em Tempos de Crise**: Uma visão clara ajuda a empresa a manter o foco e a direção, mesmo em momentos desafiadores.

Ao estabelecer esses pilares, a empresa não apenas define quem é, mas também constrói um mapa estratégico que orientará suas ações rumo ao sucesso.

Estabelecer Objetivos de Curto, Médio e Longo Prazo

Definir objetivos claros e bem estruturados é essencial para transformar a missão e a visão de uma organização em ações concretas. Enquanto a missão e a visão fornecem o propósito e o destino, os objetivos traçam o caminho a ser percorrido. Dividir esses objetivos em curto, médio e longo prazo ajuda a empresa a manter o foco e a medir o progresso, criando uma abordagem prática para alcançar o sucesso estratégico.

Objetivos de Curto Prazo: Conquistas Imediatas

Os objetivos de curto prazo são metas que podem ser alcançadas em um período de semanas ou meses, geralmente até um ano. Esses objetivos são cruciais para construir impulso e fornecer resultados rápidos que reforçam a confiança da equipe e validam a direção estratégica.

Exemplo:

Uma empresa que deseja aumentar sua presença digital pode estabelecer como objetivo de curto prazo a criação de um novo site funcional e a implementação de campanhas publicitárias em redes sociais dentro de três meses.

Por que são importantes?

- Permitem ajustes rápidos na estratégia, se necessário.

- Mantêm a equipe motivada com conquistas frequentes.

- Criam uma base sólida para metas maiores.

Objetivos de Médio Prazo: Consolidando Avanços

Os objetivos de médio prazo geralmente abrangem períodos de um a três anos e são projetados para consolidar o progresso feito com as metas de curto prazo. Eles servem como um ponto intermediário entre os resultados imediatos e os sonhos de longo prazo da organização.

Exemplo:

Para uma empresa que iniciou sua transformação digital, um objetivo de médio prazo pode ser alcançar 30% de aumento nas vendas online em dois anos, aproveitando a nova infraestrutura digital.

Por que são importantes?

- Garantem consistência nos esforços.

- Mantêm o foco em áreas estratégicas enquanto a empresa cresce.

- Criam oportunidades para avaliar e redefinir metas mais longas.

Objetivos de Longo Prazo: A Visão Realizada

Os objetivos de longo prazo se estendem além de três anos e estão diretamente alinhados com a visão da empresa. Eles representam os resultados mais ambiciosos que a organização deseja alcançar e são o resultado de ações contínuas e consistentes.

Exemplo:

Uma organização com visão de liderança no mercado global pode estabelecer como objetivo de longo prazo expandir suas operações para cinco novos países nos próximos cinco anos.

Por que são importantes?

- Mantêm todos os esforços alinhados à visão estratégica.

- Proporcionam um senso de propósito duradouro para a equipe.

- Servem como uma referência para avaliar o sucesso geral da estratégia.

Estratégias para Estabelecer Objetivos Eficazes

1. **Utilizar a Metodologia SMART**

   Todos os objetivos devem ser específicos (Specific), mensuráveis (Measurable), alcançáveis (Achievable), relevantes (Relevant) e baseados no tempo (Time-bound). Essa abordagem garante que as metas sejam claras e realizáveis.

2. **Envolver a Equipe no Processo**

   Ao incluir líderes e colaboradores na definição dos objetivos, você garante um senso de pertencimento e aumenta a probabilidade de engajamento e execução bem-sucedida.

3. **Priorizar e Sequenciar**

   Estabeleça prioridades claras para evitar dispersão de recursos. Certifique-se de que os objetivos de curto prazo apoiem os de médio prazo e que estes, por sua vez, contribuam para os de longo prazo.

4. **Revisar e Ajustar Regularmente**

   O mercado e as condições organizacionais podem mudar rapidamente. Revisar os objetivos periodicamente permite que a empresa se adapte às novas realidades sem perder o rumo estratégico.

5. **Comunicar e Monitorar Progresso**

Compartilhe os objetivos com toda a organização e crie sistemas para monitorar e reportar o progresso regularmente. Isso promove transparência e mantém todos alinhados.

Benefícios de Estabelecer Objetivos em Diferentes Prazos

Quando os objetivos são bem definidos e alinhados com a estratégia geral, as organizações experimentam benefícios significativos, como:

- **Clareza de Direção:** Todos sabem o que precisa ser alcançado e como cada meta contribui para o todo.

- **Acompanhamento do Progresso:** A capacidade de medir resultados facilita ajustes e reconhece conquistas.

- **Alinhamento Organizacional:** As equipes trabalham de forma coesa, sabendo como seu esforço se conecta à visão geral.

29

Estabelecer objetivos de curto, médio e longo prazo é como criar um mapa detalhado para a jornada estratégica de uma organização. Cada etapa é um passo em direção à realização da visão e do propósito da empresa.

Identificar e Mapear os Principais Stakeholders

Os stakeholders — indivíduos ou grupos que têm interesse ou influência nas atividades da organização — desempenham um papel crucial no sucesso de qualquer empreendimento. Reconhecer, mapear e gerenciar esses stakeholders permite que a organização alinhe suas ações às expectativas e necessidades das partes interessadas, garantindo maior apoio, cooperação e sucesso a longo prazo.

Falta de Clareza sobre Quem São os Stakeholders

Muitas organizações falham ao não identificar claramente seus stakeholders ou entender suas expectativas. Isso pode levar a uma desconexão entre as ações da empresa e as demandas de clientes, investidores, funcionários, comunidades locais ou outros grupos-chave. Por exemplo, ignorar as preocupações de clientes pode resultar em perda de mercado, enquanto negligenciar parceiros estratégicos pode prejudicar o crescimento.

A solução está em adotar uma abordagem sistemática para identificar, mapear e gerenciar esses stakeholders. Isso garante que as decisões estratégicas estejam alinhadas com os interesses e necessidades das pessoas que podem influenciar ou ser impactadas pela organização.

Passos para Identificar e Mapear Stakeholders

1. **Identificação dos Stakeholders** O primeiro passo é listar todas as partes interessadas, tanto internas quanto externas.

   - **Internos:** Funcionários, gestores, investidores, acionistas.

   - **Externos:** Clientes, fornecedores, parceiros estratégicos, comunidades locais, agências reguladoras, concorrentes, mídia. Cada grupo tem uma influência distinta sobre a organização e pode ser impactado de maneiras diferentes pelas suas ações.

2. **Mapeamento de Stakeholders** Após identificar os stakeholders, é necessário organizá-los com base em dois critérios principais:

- **Poder:** A capacidade do stakeholder de influenciar as decisões ou operações da organização.

- **Interesse:** O grau de impacto que as ações da organização têm sobre o stakeholder ou o quanto ele está envolvido nas operações.

Uma ferramenta prática para isso é a **matriz de stakeholders**, que classifica as partes interessadas em quatro categorias:

- **Alta influência, alto interesse:** Prioritários, exigem envolvimento constante.

- **Alta influência, baixo interesse:** Devem ser mantidos satisfeitos.

- **Baixa influência, alto interesse:** Devem ser informados regularmente.

- **Baixa influência, baixo interesse:** Monitoração ocasional é suficiente.

3. **Entender as Expectativas e Necessidades** Para alinhar as ações da organização aos stakeholders, é essencial entender suas preocupações, objetivos e necessidades. Isso pode ser feito por meio de:

- **Pesquisas e entrevistas:** Obter feedback direto.

- **Análise de dados:** Examinar comportamentos e tendências, especialmente para clientes.

- **Consultas regulares:** Manter um diálogo aberto com grupos-chave.

4. **Engajamento e Comunicação** Um plano de comunicação claro é fundamental para gerenciar relacionamentos com stakeholders. Isso inclui:

- Definir como e com que frequência cada grupo será informado.

- Usar canais apropriados para cada tipo de stakeholder, como relatórios formais para investidores e redes sociais para clientes.

- Demonstrar transparência em decisões importantes que afetam partes interessadas críticas.

5. **Gerenciamento de Relacionamentos** Após mapear e engajar os stakeholders, é essencial gerenciar esses relacionamentos de forma proativa. Isso envolve:

- Monitorar mudanças nas necessidades e interesses dos stakeholders.

- Resolver conflitos rapidamente, caso surjam.

- Cultivar relacionamentos de longo prazo baseados em confiança e benefício mútuo.

Considere uma empresa de varejo que planeja abrir novas lojas. Seus stakeholders incluem funcionários que precisarão de treinamento, comunidades locais impactadas pela presença da loja, fornecedores que atenderão à demanda e clientes que serão atendidos. Identificar e mapear cada um desses grupos permite que a empresa desenvolva estratégias alinhadas às suas expectativas, como:

- Oferecer treinamentos específicos aos funcionários.

- Comunicar os benefícios da loja para a comunidade local.

- Planejar logística com fornecedores.

- Personalizar a experiência do cliente com base em pesquisas de mercado.

Benefícios de Identificar e Mapear Stakeholders

- **Melhor Alinhamento Estratégico:** As ações da organização refletem as necessidades dos stakeholders.

- **Apoio e Cooperação:** Grupos influentes se tornam aliados no alcance de objetivos organizacionais.

- **Redução de Riscos:** Conflitos potenciais são identificados e gerenciados antecipadamente.

- **Tomada de Decisão Informada:** A empresa considera o impacto de suas decisões nos principais interessados.

Identificar e mapear stakeholders não é apenas uma etapa de planejamento, mas um processo contínuo que deve evoluir conforme o contexto organizacional muda. Um mapeamento bem-feito proporciona insights valiosos, garantindo que todos os esforços estratégicos sejam orientados para o sucesso compartilhado.

Desenvolver um Plano Estratégico Alinhado com a Cultura Organizacional

O plano estratégico é o coração da gestão organizacional, direcionando todos os esforços para alcançar os objetivos estabelecidos. No entanto, para ser verdadeiramente eficaz, ele precisa estar alinhado com a cultura organizacional. A cultura de uma empresa representa seus valores, crenças e comportamentos predominantes, influenciando a forma como as decisões são tomadas, os problemas são resolvidos e as equipes colaboram.

Desenvolver um plano estratégico que leve em conta a cultura organizacional garante que as metas da empresa estejam não apenas no papel, mas incorporadas nas ações diárias de todos os envolvidos.

Planos Estratégicos Desconectados da Cultura

Muitas organizações falham ao criar planos estratégicos porque ignoram sua própria cultura. Por exemplo, uma empresa com uma cultura altamente colaborativa pode enfrentar resistência ao implementar uma estratégia excessivamente hierárquica. Da mesma forma, uma cultura de inovação será limitada por um plano estratégico que priorize a burocracia.

A solução está em integrar o plano estratégico à cultura da organização, garantindo que ele reflita os valores e comportamentos que já definem a empresa, ao mesmo tempo que incentiva melhorias alinhadas às metas futuras.

Passos para Desenvolver um Plano Estratégico Alinhado

1. **Compreender a Cultura Organizacional** Antes de começar a desenvolver o plano estratégico, é fundamental entender profundamente a cultura organizacional. Isso pode ser feito por meio de:

    o **Pesquisas internas:** Identifique os valores, crenças e práticas predominantes.

    o **Entrevistas e grupos focais:** Converse com líderes e colaboradores de diferentes níveis para entender como a cultura influencia o trabalho diário.

    o **Análise de históricos:** Examine como decisões passadas foram tomadas e implementadas para identificar padrões culturais.

Exemplo: Se uma empresa valoriza a inovação, o plano estratégico deve incluir objetivos que incentivem novas ideias e processos criativos.

2. **Definir Objetivos Estratégicos Coerentes com a Cultura** Com a cultura organizacional mapeada, os objetivos estratégicos devem refletir seus valores centrais. Por exemplo:

   o Em uma empresa com cultura focada no cliente, um objetivo pode ser melhorar a experiência do cliente em 20% nos próximos dois anos.

   o Em uma organização que valoriza sustentabilidade, um objetivo estratégico poderia incluir reduzir a pegada de carbono em 30% dentro de cinco anos.

Importante: Garantir que os objetivos sejam alcançáveis sem contrariar os valores culturais evita resistências e promove a adoção pelas equipes.

3. **Engajar Colaboradores na Criação do Plano** A participação ativa dos colaboradores é essencial para alinhar o plano estratégico à cultura. Quando os funcionários sentem que suas perspectivas são consideradas, o engajamento aumenta e as chances de sucesso são maiores. Estratégias para engajamento incluem:

   - Workshops para brainstorming de ideias estratégicas.

   - Sessões de feedback sobre os rascunhos do plano.

   - Comunicação regular sobre o progresso da elaboração e implementação do plano.

Exemplo: Em uma cultura de colaboração, envolver equipes multidisciplinares na criação do plano reforça a confiança e a adesão ao processo.

4. **Detalhar as Ações e Alinhar com os Valores** Cada objetivo estratégico deve ser desdobrado em ações específicas que respeitem e promovam os valores organizacionais. Por exemplo:

o Objetivo: Aumentar a retenção de talentos.

o Ações: Criar programas de mentoria, implementar avaliações de desempenho construtivas e oferecer planos de desenvolvimento de carreira.

Dica: As ações devem ser mensuráveis, permitindo acompanhar o progresso de forma clara e objetiva.

5. **Comunicar e Reforçar a Conexão com a Cultura**
   Um plano estratégico bem elaborado só é eficaz se for compreendido por todos na organização. A comunicação desempenha um papel crucial aqui. Algumas estratégias incluem:

   o Reuniões regulares para compartilhar o progresso e reforçar os valores culturais.

   o Materiais de treinamento que conectem as ações estratégicas aos valores da empresa.

   o Histórias de sucesso que exemplifiquem como o plano está alinhado à cultura.

Exemplo: Se a empresa valoriza a transparência, compartilhe dados sobre o progresso do plano estratégico com todos os níveis da organização.

Benefícios de Alinhar o Plano Estratégico à Cultura

1. **Adoção mais Rápida:** Colaboradores se identificam com o plano e estão mais propensos a apoiá-lo.

2. **Redução de Conflitos:** As estratégias são consistentes com os valores existentes, evitando contradições.

3. **Fortalecimento da Cultura:** O plano não apenas reflete a cultura atual, mas também pode reforçá-la e aprimorá-la.

4. **Resultados Sustentáveis:** Metas alcançadas de forma alinhada à cultura têm maior probabilidade de gerar impacto positivo duradouro.

Desenvolver um plano estratégico alinhado à cultura organizacional não é apenas uma prática recomendada; é uma necessidade para organizações que desejam crescer sem perder sua identidade. Esse alinhamento transforma o plano em um guia vivo, capaz de inspirar ações e impulsionar resultados em harmonia com os valores centrais da empresa.

Implementar Indicadores-Chave de Desempenho (KPIs)

Os indicadores-chave de desempenho (KPIs) são ferramentas essenciais para medir o progresso em direção aos objetivos estratégicos de uma organização. Eles fornecem dados objetivos que permitem aos líderes acompanhar o desempenho, identificar áreas que precisam de melhorias e tomar decisões baseadas em fatos. Sem KPIs, é quase impossível avaliar se os esforços estratégicos estão gerando os resultados desejados.

Falta de Medição Objetiva

Muitas organizações falham porque não conseguem medir o impacto de suas ações. Objetivos podem ser definidos, mas, sem indicadores claros para monitorá-los, o progresso fica obscuro, dificultando ajustes necessários ao longo do caminho. Além disso, a ausência de KPIs pode levar a desperdícios de recursos, falta de accountability e decisões baseadas em suposições, em vez de evidências.

Por exemplo, uma empresa que deseja aumentar a satisfação do cliente pode não ter uma métrica clara para avaliar esse objetivo. Sem um indicador como o Net Promoter Score (NPS), a organização não saberá se está progredindo ou não.

Passos para Implementar KPIs de Forma Eficaz

1. **Alinhar KPIs aos Objetivos Estratégicos** Os KPIs devem estar diretamente vinculados aos objetivos estratégicos da organização. Isso garante que cada indicador tenha relevância e contribua para o monitoramento do progresso em direção às metas.

Exemplo:

- Objetivo estratégico: Aumentar a receita anual em 15%.

- KPI: Taxa de crescimento mensal da receita (%).

Dica: Limite o número de KPIs a indicadores realmente essenciais para evitar sobrecarga de dados.

2. **Definir KPIs que Sigam a Metodologia SMART** KPIs eficazes devem ser:

- **Específicos (Specific):** Claramente definidos.

- **Mensuráveis (Measurable):** Baseados em dados objetivos.

- **Alcançáveis (Achievable):** Realistas, considerando os recursos disponíveis.

- **Relevantes (Relevant):** Alinhados aos objetivos da organização.

- **Baseados no Tempo (Time-bound):** Associados a um prazo.

Exemplo:

- KPI: Taxa de retenção de clientes (%).

- Meta: Aumentar a retenção de clientes de 75% para 85% em 12 meses.

3. **Categorizar KPIs** Divida os KPIs em categorias para atender às necessidades de diferentes áreas da organização. Exemplos de categorias incluem:

- **Financeiros:** Margem de lucro bruto, ROI (Retorno sobre Investimento).

- **Operacionais:** Taxa de utilização da capacidade, lead time de produção.

- **Clientes:** Satisfação do cliente (NPS), taxa de recompra.

- **Pessoas:** Taxa de rotatividade de funcionários, índice de engajamento.

Essa abordagem ajuda a garantir que todos os departamentos estejam alinhados aos objetivos gerais da organização.

4. **Monitorar e Reportar Regularmente** Uma vez definidos os KPIs, é fundamental monitorá-los regularmente e reportar os resultados para as partes interessadas. Isso inclui:

- **Dashboards Visuais:** Apresentar dados de forma clara e compreensível.

- **Relatórios Mensais:** Compartilhar atualizações sobre o progresso em relação às metas.

- **Revisões Periódicas:** Avaliar o impacto das ações e ajustar os KPIs, se necessário.

Exemplo: Uma equipe de vendas pode revisar semanalmente o KPI de "volume de vendas por região" para identificar áreas que precisam de mais atenção.

5. **Treinar e Engajar Equipes** Os KPIs não podem ser ferramentas apenas da alta gestão; toda a organização deve entendê-los e utilizá-los. Isso exige treinamento e comunicação eficaz para garantir que todos os colaboradores saibam:

- O que os KPIs medem.

- Por que são importantes.

- Como suas ações individuais impactam os resultados medidos.

Dica: Vincule incentivos e reconhecimentos ao desempenho baseado em KPIs para motivar equipes.

Benefícios de Implementar KPIs

1. **Tomada de Decisão Baseada em Dados:** KPIs fornecem informações objetivas para apoiar decisões estratégicas.

2. **Monitoramento Contínuo:** Líderes podem identificar problemas e oportunidades em tempo real.

3. **Alinhamento Organizacional:** Todos os departamentos têm uma direção clara e objetivos mensuráveis.

4. **Acompanhamento de Progresso:** Empresas podem avaliar se estão no caminho certo para alcançar suas metas.

5. **Responsabilidade:** Os KPIs criam accountability, pois deixam claro quem é responsável por cada meta.

Considere uma empresa de varejo que deseja melhorar a eficiência operacional. Alguns KPIs que podem ser implementados incluem:

- **Custo operacional por unidade produzida:** Para medir eficiência.

- **Tempo médio de processamento de pedidos:** Para identificar gargalos no processo.

- **Taxa de satisfação do cliente:** Para entender o impacto das melhorias na experiência do cliente.

Esses indicadores, monitorados regularmente, ajudam a organização a ajustar processos, alocar recursos e garantir que o objetivo de melhorar a eficiência operacional seja alcançado.

Os KPIs são mais do que números; são ferramentas essenciais para transformar planos estratégicos em resultados mensuráveis. Quando implementados corretamente, eles permitem que as organizações monitorem seu progresso, ajustem suas ações e garantam que todos os esforços estejam alinhados em direção ao sucesso estratégico.

A estruturação estratégica é o alicerce para que qualquer organização atinja seus objetivos de forma consistente e eficaz. Quando bem construída, ela alinha os esforços de todas as áreas, conecta as metas de curto, médio e longo prazo à visão geral da empresa e proporciona um senso claro de propósito para os colaboradores.

Uma estrutura sólida permite que a organização navegue com confiança em um mercado cada vez mais competitivo e desafiador. Ela oferece clareza sobre quem a empresa é, onde deseja chegar e como pretende alcançar seus objetivos. Mais importante ainda, cria um ambiente em que decisões são tomadas com base em dados e objetivos claros, fortalecendo a cultura organizacional e promovendo a eficiência.

Sem essa base, o risco de dispersão de recursos, conflitos internos e perda de competitividade aumenta exponencialmente. Por outro lado, com um plano estratégico bem estruturado, as organizações conseguem transformar desafios em oportunidades, potencializar seus resultados e alcançar o crescimento sustentável.

Concluir esta etapa inicial do processo estratégico é apenas o começo de uma jornada contínua. Cada ação, cada ajuste e cada revisão feita com base em uma estrutura sólida nos aproxima mais de resultados consistentes e significativos. Portanto, investir tempo e recursos na estruturação estratégica não é apenas uma necessidade, mas uma decisão inteligente e transformadora para qualquer organização.

Capítulo 2

Diagnóstico Organizacional – Onde Estamos Agora?

Everaldo Dias Vieira

U m dos erros mais comuns nas organizações é tomar decisões estratégicas sem um entendimento claro do ponto de partida. Muitas empresas caem na armadilha de olhar apenas para onde desejam estar no futuro, ignorando a necessidade de mapear onde realmente estão no presente. Essa desconexão pode levar a iniciativas desalinhadas, desperdício de recursos e, em última análise, ao fracasso em alcançar os objetivos traçados.

A falta de compreensão do estado atual da empresa pode se manifestar de várias maneiras:

- **Processos Ineficientes:** Sem um diagnóstico claro, processos que precisam de ajustes permanecem intocados.

- **Baixa Performance:** Áreas críticas que precisam de melhorias não são identificadas a tempo.

- **Desconexão entre Equipes:** Falta de clareza nas operações diárias e nas responsabilidades, resultando em baixa produtividade e colaboração limitada.

Por exemplo, uma empresa de varejo pode observar uma queda nas vendas sem entender que isso está diretamente relacionado a problemas no estoque ou à insatisfação do cliente com os prazos de entrega. Sem um diagnóstico detalhado, os esforços para melhorar as vendas podem se concentrar em marketing, enquanto o verdadeiro problema persiste.

O diagnóstico organizacional não é apenas um ponto de partida; é a base que sustenta todas as decisões estratégicas subsequentes. Ele oferece uma visão abrangente da empresa, destacando suas forças, fraquezas, oportunidades e ameaças (análise SWOT) e permitindo que os líderes tomem decisões mais informadas e alinhadas com a realidade. Neste capítulo, exploraremos como identificar e superar essa lacuna, estabelecendo um caminho claro para o crescimento e a excelência organizacional.

1. Realizar uma Análise SWOT Detalhada

A análise SWOT (Forças, Fraquezas, Oportunidades e Ameaças) é uma ferramenta essencial para obter uma visão abrangente do estado atual da empresa. Ela permite identificar os pontos fortes que podem ser aproveitados, os pontos fracos que precisam ser corrigidos, as oportunidades que podem ser exploradas e as ameaças que devem ser mitigadas.

Como implementar:

- **Forças (Strengths):** Liste os aspectos internos em que a empresa se destaca, como expertise da equipe, produtos inovadores ou uma base de clientes leal.

- **Fraquezas (Weaknesses):** Identifique áreas que precisam de melhorias, como processos ineficientes, falta de tecnologia ou baixa retenção de talentos.

- **Oportunidades (Opportunities):** Examine fatores externos que podem ser aproveitados, como tendências de mercado favoráveis ou novas tecnologias.

- **Ameaças (Threats):** Avalie os riscos externos, como concorrência crescente, mudanças regulatórias ou flutuações econômicas.

Exemplo prático:

Uma empresa de tecnologia pode identificar como força a alta capacidade de inovação de sua equipe, como fraqueza a dependência de um único fornecedor, como oportunidade o aumento da demanda por soluções digitais e como ameaça o surgimento de novos concorrentes no mercado.

2. Entrevistar Equipes para Obter Perspectivas Internas

As equipes que operam no dia a dia da organização possuem insights valiosos sobre os desafios e oportunidades que podem não ser evidentes para a liderança. Conduzir entrevistas estruturadas com diferentes departamentos permite uma compreensão mais profunda do estado atual da empresa.

Como implementar:

- **Entrevistas individuais:** Pergunte sobre os principais desafios, oportunidades de melhoria e barreiras enfrentadas no trabalho.

- **Grupos focais:** Reúna equipes para discussões colaborativas, promovendo a troca de ideias e experiências.

- **Análise de padrões:** Identifique temas comuns que emergem das entrevistas, como falhas em processos ou necessidade de treinamento.

Exemplo prático:

Ao entrevistar a equipe de vendas, a liderança pode descobrir que um software desatualizado está atrasando o processamento de pedidos. Essa percepção direta auxilia na priorização de ações corretivas.

3. Analisar Dados Financeiros e Operacionais

Os dados financeiros e operacionais fornecem uma visão objetiva da saúde da empresa. Essa análise permite identificar áreas que precisam de melhorias e recursos que podem ser otimizados.

Como implementar:

- **Financeiros:** Avalie métricas como margem de lucro, fluxo de caixa, receitas e despesas operacionais.

- **Operacionais:** Analise indicadores como produtividade, eficiência de processos e satisfação do cliente.

- **Benchmarking:** Compare os dados da empresa com os padrões do setor para identificar discrepâncias e oportunidades.

Exemplo prático:

Uma análise financeira pode revelar que os custos de produção aumentaram significativamente nos últimos trimestres, sinalizando a necessidade de renegociar contratos com fornecedores ou revisar o processo produtivo.

Benefícios de Aplicar essas Soluções

1. **Clareza sobre o Estado Atual:** A análise SWOT, as entrevistas e a revisão de dados financeiros oferecem uma visão 360° da organização.

2. **Tomada de Decisões Baseada em Evidências:** As informações coletadas permitem que a liderança priorize ações estratégicas com maior precisão.

GESTÃO ESTRATÉGICA

3. **Engajamento das Equipes:** Envolver os colaboradores no processo cria um senso de pertencimento e promove a colaboração.

4. **Mitigação de Riscos:** Identificar fraquezas e ameaças antecipadamente ajuda a empresa a se preparar melhor para desafios futuros.

Estas práticas fornecem um diagnóstico detalhado, garantindo que as decisões estratégicas sejam baseadas em informações concretas e alinhadas com as necessidades reais da organização. Esse é o primeiro passo para transformar o estado atual em uma base sólida para o sucesso.

4. Mapear Processos Críticos da Organização

O mapeamento de processos críticos é essencial para identificar como as atividades da organização estão estruturadas e interligadas. Isso permite detectar gargalos, redundâncias e oportunidades de melhoria. Processos críticos são aqueles que têm maior impacto nos resultados da empresa, seja no atendimento ao cliente, na produção ou na gestão de recursos.

Como implementar:

- **Identifique os processos principais:** Liste os processos que são fundamentais para o funcionamento da organização, como vendas, produção, logística e atendimento ao cliente.

- **Documente o fluxo de trabalho:** Descreva cada etapa do processo, os responsáveis por cada tarefa, os recursos utilizados e os resultados esperados.

- **Visualize com diagramas:** Use ferramentas como fluxogramas ou mapas de processos para tornar os fluxos de trabalho mais claros.

- **Analise os resultados:** Identifique onde os processos apresentam atrasos, erros ou falta de eficiência.

Exemplo prático:

Em uma empresa de e-commerce, o mapeamento do processo de logística pode revelar que atrasos nas entregas são causados por um sistema manual de controle de estoque. Esse diagnóstico permite a priorização da automação como solução.

5. Identificar Áreas de Risco e Oportunidade

Após mapear os processos, o próximo passo é identificar onde estão os maiores riscos e onde existem oportunidades de melhoria. Essa análise ajuda a organização a priorizar esforços e recursos para maximizar resultados e minimizar ameaças.

Como implementar:

- **Avaliação de riscos:** Identifique os pontos nos processos onde há maior probabilidade de falhas, atrasos ou custos adicionais.

- **Oportunidades de melhoria:** Procure áreas que poderiam ser otimizadas para aumentar a eficiência, reduzir custos ou melhorar a experiência do cliente.

- **Priorize ações:** Use ferramentas como a matriz de riscos para classificar cada risco com base em sua probabilidade e impacto.

Exemplo prático:

Uma empresa de manufatura pode identificar como risco o alto índice de defeitos em uma linha de produção, enquanto vê como oportunidade a possibilidade de implementar manutenção preditiva para reduzir falhas.

Benefícios de Mapear Processos e Identificar Riscos e Oportunidades

1. **Aumento da Eficiência:** Ao eliminar gargalos e redundâncias, os processos tornam-se mais ágeis e produtivos.

2. **Redução de Custos:** A otimização de processos críticos e a mitigação de riscos ajudam a economizar recursos.

3. **Melhoria na Experiência do Cliente:** Processos mais eficientes resultam em entregas mais rápidas e serviços mais consistentes.

4. **Preparação para o Futuro:** Identificar riscos antecipadamente permite que a organização desenvolva planos de contingência eficazes.

Ferramentas Úteis para Implementação

- **Fluxogramas:** Para mapear e visualizar os processos.

- **Matriz de Riscos:** Para classificar e priorizar os riscos identificados.

- **Análise SWOT Focada em Processos:** Para conectar fraquezas e ameaças específicas aos fluxos de trabalho mapeados.

Mapear processos críticos e identificar áreas de risco e oportunidade são etapas fundamentais no diagnóstico organizacional. Elas fornecem a clareza necessária para que a liderança tome decisões informadas, direcionando esforços para as áreas que mais impactam o sucesso da organização. Esse é o caminho para transformar operações complexas em motores de crescimento e excelência.

Um diagnóstico bem feito é o alicerce de qualquer planejamento estratégico eficaz. Ele permite que a organização compreenda com clareza onde está, quais são suas forças e fraquezas, e quais oportunidades e ameaças se apresentam no ambiente interno e externo. Sem essa análise detalhada, qualquer estratégia corre o risco de ser baseada em suposições, o que pode levar a decisões equivocadas e desperdício de recursos.

Ao realizar um diagnóstico detalhado por meio de ferramentas como a análise SWOT, entrevistas com equipes, mapeamento de processos e análise de dados financeiros, a organização ganha um panorama completo de sua realidade. Além disso, a identificação de áreas de risco e oportunidade prepara a empresa para agir proativamente, adaptando-se às demandas do mercado e fortalecendo sua posição competitiva.

Com esses insights em mãos, líderes podem tomar decisões estratégicas informadas e focadas em resultados. Um diagnóstico preciso não apenas orienta os próximos passos, mas também cria uma base sólida para o crescimento sustentável e para a excelência operacional. Esse é o primeiro e mais importante passo para alinhar esforços e transformar desafios em oportunidades de sucesso.

Capítulo 3
Liderança Estratégica e Gestão de Pessoas

A falta de engajamento e alinhamento entre líderes e equipes é uma das principais causas de baixa produtividade, insatisfação no ambiente de trabalho e fracasso na execução de estratégias organizacionais. Quando líderes não conseguem inspirar, orientar ou criar conexões significativas com suas equipes, os esforços se tornam fragmentados, as metas perdem relevância e a cultura organizacional enfraquece.

O problema se agrava em ambientes onde há uma desconexão clara entre as direções estratégicas e as operações diárias. Equipes que não compreendem os objetivos organizacionais ou não se sentem valorizadas tendem a operar no piloto automático, resultando em altos índices de rotatividade, baixa inovação e um impacto negativo nos resultados financeiros.

Exemplo prático: Uma organização implementa uma nova estratégia de mercado, mas os líderes não comunicam claramente os objetivos às suas equipes. Como resultado, os funcionários executam tarefas de forma descoordenada, sem entender como seu trabalho contribui para o sucesso geral da empresa. Isso leva à frustração, perda de produtividade e, frequentemente, ao abandono do projeto.

Neste capítulo, exploraremos como a liderança estratégica pode resolver esses problemas, promovendo o alinhamento entre líderes e equipes e criando um ambiente onde o engajamento e a motivação sejam catalisadores do sucesso organizacional.

1. Desenvolver Programas de Liderança para Gestores

A liderança estratégica começa com líderes capacitados. Programas de desenvolvimento para gestores são essenciais para garantir que eles tenham as habilidades necessárias para inspirar suas equipes, comunicar objetivos de forma clara e gerenciar recursos de maneira eficaz.

Como implementar:

- **Treinamentos contínuos:** Ofereça cursos regulares sobre temas como inteligência emocional, resolução de conflitos e liderança situacional.

- **Mentoria:** Crie programas de mentoria em que líderes experientes orientem novos gestores.

- **Workshops interativos:** Promova atividades que simulem desafios reais e incentivem a aplicação prática das habilidades aprendidas.

Exemplo prático: Um gestor que participa de um workshop de liderança situacional pode aprender a adaptar seu estilo de liderança para diferentes tipos de colaboradores, aumentando o engajamento e a produtividade.

2. Implementar Avaliações Regulares de Desempenho

As avaliações de desempenho fornecem dados objetivos sobre a performance dos colaboradores e permitem que líderes e equipes identifiquem áreas de melhoria e fortaleçam competências.

Como implementar:

- **Definir KPIs claros:** Relacione os indicadores de desempenho aos objetivos estratégicos da empresa.

- **Avaliações semestrais ou anuais:** Realize encontros estruturados entre gestores e colaboradores para revisar o progresso e estabelecer novas metas.

- **Feedback individualizado:** Use a avaliação como uma oportunidade para reconhecer esforços e oferecer orientação específica.

Exemplo prático: Uma avaliação regular pode identificar que um funcionário tem potencial para liderar projetos, permitindo que o gestor o prepare para essa função por meio de treinamentos específicos.

3. Promover a Cultura de Feedback e Comunicação Aberta

Uma comunicação eficaz é a base de um ambiente de trabalho colaborativo e produtivo. O feedback contínuo e bidirecional permite que tanto líderes quanto colaboradores expressem suas preocupações, reconheçam sucessos e alinhem expectativas.

Como implementar:

- **Reuniões frequentes:** Agende encontros regulares de equipe para discutir metas, desafios e soluções.

- **Feedback imediato:** Não espere por avaliações formais; ofereça feedback construtivo no momento certo.

- **Crie canais seguros:** Estabeleça plataformas onde os colaboradores possam compartilhar ideias ou preocupações anonimamente, se necessário.

Exemplo prático: Um funcionário que recebe feedback imediato sobre uma tarefa pode ajustar rapidamente sua abordagem, evitando erros futuros e melhorando o resultado final.

4. Reconhecer e Recompensar os Colaboradores

Reconhecer o esforço e a dedicação dos colaboradores é uma das maneiras mais eficazes de aumentar o engajamento e a satisfação no trabalho. Uma cultura de reconhecimento fortalece a lealdade e motiva os funcionários a darem o seu melhor.

Como implementar:

- **Reconhecimento público:** Celebre conquistas individuais e de equipe em reuniões ou boletins internos.

- **Incentivos financeiros:** Ofereça bônus, promoções ou outros benefícios para reconhecer desempenhos excepcionais.

- **Programas personalizados:** Crie sistemas de recompensa que se alinhem às preferências e necessidades dos colaboradores, como dias de folga extras ou oportunidades de desenvolvimento profissional.

Exemplo prático: Um funcionário que é publicamente reconhecido por liderar um projeto bem-sucedido sente-se valorizado, aumentando sua motivação para assumir novos desafios.

5. Criar um Plano de Sucessão para Posições-Chave

A continuidade organizacional depende de líderes preparados para assumir posições estratégicas. Um plano de sucessão garante que a empresa tenha talentos prontos para preencher funções críticas, minimizando interrupções e fortalecendo a resiliência organizacional.

Como implementar:

- **Identificar posições-chave:** Determine quais funções têm maior impacto nos resultados e operações da empresa.

- **Mapear talentos internos:** Avalie colaboradores com potencial para assumir essas posições no futuro.

- **Treinamento e desenvolvimento:** Ofereça oportunidades de crescimento, como projetos desafiadores ou cursos especializados.

Exemplo prático: Um gestor em ascensão que é identificado como um potencial diretor recebe treinamento em gestão estratégica e comunicação, preparando-o para liderar com eficácia quando a oportunidade surgir.

Benefícios de Implementar Essas Soluções

1. **Aumento do Engajamento:** Colaboradores motivados e reconhecidos trabalham com mais entusiasmo e comprometimento.

2. **Melhoria do Alinhamento:** Líderes capacitados e comunicativos alinham melhor os objetivos estratégicos às atividades diárias das equipes.

3. **Maior Retenção de Talentos:** Funcionários valorizados têm menos probabilidade de buscar oportunidades fora da organização.

4. **Preparação para o Futuro:** Um plano de sucessão sólido garante que a empresa esteja sempre pronta para enfrentar mudanças e desafios.

Ao adotar essas práticas, a organização cria um ambiente onde líderes e equipes trabalham juntos de forma harmoniosa, promovendo o engajamento, o alinhamento e, acima de tudo, o sucesso coletivo.

Líderes eficazes são o catalisador para o sucesso de qualquer organização. Eles não apenas definem o rumo estratégico, mas também inspiram e capacitam suas equipes a alcançar o máximo de seu potencial. Por meio de uma liderança estratégica bem estruturada, gestores criam um ambiente de trabalho onde as pessoas se sentem valorizadas, engajadas e alinhadas com os objetivos organizacionais.

Promover uma cultura organizacional de excelência começa com líderes que sabem comunicar claramente suas visões, oferecer feedback construtivo, reconhecer contribuições e preparar a próxima geração de líderes. Eles transformam desafios em oportunidades e garantem que cada membro da equipe compreenda seu papel no sucesso da organização.

A liderança estratégica não é apenas uma habilidade, mas um compromisso contínuo de inspirar, orientar e capacitar. Quando líderes e equipes trabalham em harmonia, os resultados vão além das metas financeiras, impactando positivamente a cultura organizacional, a inovação e a sustentabilidade do negócio. A base para essa transformação é construída com exemplos fortes de liderança, que guiam a empresa para um futuro de excelência e sucesso duradouro.

Capítulo 4

Eficiência Operacional – Fazendo Mais com Menos

A eficiência operacional é um dos pilares fundamentais para a sustentabilidade de qualquer organização. No entanto, muitas empresas enfrentam o desafio de lidar com processos ineficientes que drenam recursos e comprometem sua capacidade de competir no mercado. A falta de otimização nos fluxos de trabalho, somada ao uso inadequado de tecnologia e à ausência de métricas claras, cria uma barreira que impede o crescimento e a inovação. Esse problema não apenas reduz a produtividade, mas também aumenta custos e afeta a experiência do cliente.

Uma organização que não identifica gargalos e não se adapta rapidamente aos desafios operacionais corre o risco de perder relevância em um mercado cada vez mais dinâmico. Processos desnecessariamente complexos ou mal estruturados podem levar a desperdícios de tempo e recursos, impactando diretamente os resultados financeiros. Além disso, a ineficiência operacional gera frustração entre os colaboradores, que muitas vezes precisam lidar com tarefas redundantes e sistemas obsoletos.

Abordar esse problema exige uma análise crítica e uma disposição para revisar práticas estabelecidas. Tornar-se operacionalmente eficiente não significa apenas cortar custos, mas sim encontrar maneiras inteligentes de maximizar o uso dos recursos disponíveis, eliminando desperdícios e promovendo a agilidade nos processos. Neste capítulo, exploraremos como construir uma base sólida para a eficiência operacional e como transformar desafios em oportunidades para fazer mais com menos.

Para alcançar a eficiência operacional e superar os desafios causados por processos ineficientes, é essencial adotar uma abordagem prática e estratégica. Automatizar tarefas repetitivas, por exemplo, é uma das maneiras mais diretas de liberar tempo e recursos humanos para atividades de maior valor. A introdução de ferramentas tecnológicas, como softwares de gestão e automação, não apenas agiliza fluxos de trabalho, mas também reduz erros manuais, melhorando a precisão e a produtividade. Empresas que investem na automação conseguem transformar processos que antes levavam dias em tarefas concluídas em minutos, gerando impactos positivos em toda a operação.

Além disso, implementar metodologias como Lean e Six Sigma é outra estratégia poderosa para aumentar a eficiência. O Lean se concentra na eliminação de desperdícios, enquanto o Six Sigma trabalha na redução de variações e na melhoria contínua da qualidade. Juntas, essas abordagens permitem que as organizações revisem seus processos com um olhar crítico, identificando etapas desnecessárias e criando fluxos mais enxutos e eficazes. Por exemplo, ao mapear o ciclo de produção com princípios Lean, uma empresa pode descobrir gargalos que estavam ocultos, como excesso de estoque ou falhas na alocação de recursos.

Revisar e otimizar a cadeia de suprimentos é igualmente crucial. Uma cadeia de suprimentos eficiente é o núcleo de uma operação bem-sucedida. Isso inclui desde a negociação com fornecedores até a entrega final ao cliente. Adotar práticas como gestão de inventário em tempo real e parcerias estratégicas com fornecedores pode reduzir custos e melhorar os prazos de entrega. Empresas que monitoram proativamente suas cadeias de suprimentos podem evitar interrupções, adaptando-se rapidamente a mudanças na demanda ou nos mercados globais.

Reduzir desperdícios em processos operacionais é outra prioridade. O desperdício pode assumir várias formas: materiais descartados, tempo perdido em reuniões improdutivas ou energia mal utilizada. Por meio de auditorias regulares e da conscientização dos colaboradores, é possível identificar e eliminar essas ineficiências. Um exemplo prático seria adotar práticas de sustentabilidade que reduzem o consumo de recursos naturais, como água e energia, ao mesmo tempo que geram economias significativas.

Por fim, utilizar tecnologia para monitorar e medir a eficiência é indispensável no ambiente competitivo atual. Sistemas de análise de dados, dashboards interativos e indicadores-chave de desempenho (KPIs) fornecem insights valiosos sobre a operação. Eles permitem que as empresas acompanhem, em tempo real, o progresso em direção às metas de eficiência. Por exemplo, ao usar sensores IoT em uma linha de produção, é possível rastrear a performance de máquinas e prever falhas antes que elas ocorram, minimizando interrupções e perdas.

Essas práticas, quando combinadas, criam um ciclo virtuoso de melhoria contínua. Automatizar tarefas repetitivas, implementar metodologias robustas, otimizar a cadeia de suprimentos, reduzir desperdícios e monitorar resultados com tecnologia são passos fundamentais para transformar uma organização, elevando-a a um nível de excelência operacional que promove a sustentabilidade e a inovação.

A eficiência operacional é mais do que uma vantagem competitiva; é um requisito fundamental para a sobrevivência e o crescimento sustentável das organizações no mercado atual. Ao reduzir custos, otimizar processos e alocar recursos de maneira inteligente, as empresas não apenas melhoram seus resultados financeiros, mas também fortalecem sua capacidade de adaptação em um ambiente de negócios cada vez mais dinâmico.

Organizações que adotam práticas de eficiência operacional conseguem eliminar desperdícios, aumentar a produtividade e, simultaneamente, oferecer melhores produtos e serviços aos seus clientes. Isso se traduz em maior competitividade, permitindo que essas empresas se destaquem em seus mercados e respondam rapidamente às demandas e mudanças externas.

No entanto, alcançar a eficiência operacional não é um esforço único; é um compromisso contínuo. Através da automação, da implementação de metodologias como Lean e Six Sigma, da revisão da cadeia de suprimentos, da redução de desperdícios e do uso estratégico de tecnologia, as empresas criam uma base sólida para a melhoria contínua e a inovação.

Ao transformar desafios operacionais em oportunidades de crescimento, a eficiência operacional se torna o alicerce para resultados consistentes, sustentabilidade e excelência no mercado. Ela possibilita que as organizações façam mais com menos, garantindo que cada ação contribua diretamente para o sucesso de longo prazo.

Capítulo 5
Gestão Financeira Estratégica

A gestão financeira estratégica é o pilar que sustenta a saúde e o crescimento de qualquer organização. Contudo, muitas empresas enfrentam o desafio da falta de controle financeiro e da má alocação de recursos, o que pode levar a prejuízos, desperdícios e até à insolvência. Esse problema é frequentemente causado por uma combinação de fatores, como processos financeiros mal estruturados, falta de planejamento a longo prazo e decisões baseadas em suposições em vez de dados concretos.

Quando os recursos não são gerenciados de forma eficaz, os impactos podem ser devastadores. A ausência de controle financeiro cria um cenário em que gastos desnecessários não são identificados, oportunidades de investimento são perdidas e as metas estratégicas ficam fora de alcance. Além disso, a má alocação de recursos pode resultar em departamentos sobrecarregados enquanto outros permanecem subutilizados, criando desequilíbrios que prejudicam a produtividade e a competitividade.

Por exemplo, uma empresa pode continuar investindo em um produto que não atende mais às demandas do mercado, enquanto negligencia áreas promissoras como inovação ou marketing digital. Esse tipo de decisão, sem o suporte de uma gestão financeira sólida, compromete a sustentabilidade a longo prazo.

Para superar esses desafios, é fundamental que as empresas adotem práticas de gestão financeira que vão além do controle básico de receitas e despesas. A gestão financeira estratégica envolve planejamento, análise, alocação eficiente de recursos e tomada de decisões informadas por dados. Somente assim é possível transformar a gestão financeira em uma ferramenta poderosa para o crescimento e o sucesso organizacional.

Para resolver os desafios causados pela falta de controle financeiro e pela má alocação de recursos, as empresas precisam adotar práticas financeiras sólidas e estratégicas que assegurem a sustentabilidade e o crescimento. A criação de um orçamento detalhado é um dos primeiros passos nesse processo. Um orçamento bem elaborado permite que a organização planeje suas despesas, aloque recursos de maneira eficiente e acompanhe o progresso em relação às metas financeiras. No entanto, não basta apenas criar o orçamento; é essencial monitorá-lo regularmente, ajustando-o conforme necessário para refletir mudanças no mercado ou nas prioridades organizacionais.

Além disso, estabelecer métricas financeiras claras, como EBITDA (lucro antes de juros, impostos, depreciação e amortização) e ROI (retorno sobre investimento), é crucial para medir o desempenho financeiro e avaliar a viabilidade de projetos. Essas métricas fornecem insights valiosos sobre a lucratividade, a eficiência operacional e o impacto de decisões estratégicas. Por exemplo, o uso do ROI permite que a organização avalie rapidamente quais investimentos geram os melhores retornos, priorizando recursos para iniciativas mais promissoras.

A preparação para incertezas financeiras também é uma parte essencial da gestão estratégica. Desenvolver cenários para a gestão de riscos financeiros ajuda a empresa a antecipar possíveis desafios e a criar planos de contingência. Isso pode incluir a simulação de situações como uma queda de receita ou um aumento nos custos operacionais, permitindo que a organização esteja melhor equipada para lidar com crises sem comprometer sua estabilidade.

A implementação de sistemas de gestão financeira é outro elemento essencial para otimizar o controle e a eficiência. Ferramentas como softwares de ERP (Enterprise Resource Planning) podem integrar diferentes áreas da empresa, centralizando dados financeiros e facilitando a análise. Esses sistemas não apenas aumentam a precisão no rastreamento de receitas e despesas, mas também permitem que os líderes acessem informações financeiras em tempo real, auxiliando na tomada de decisões.

Por fim, é indispensável treinar líderes para interpretar e agir com base em dados financeiros. Muitas vezes, gestores não financeiros carecem das habilidades necessárias para analisar relatórios financeiros e traduzir essas informações em estratégias práticas. Investir em programas de capacitação garante que todos os níveis de liderança estejam alinhados com os objetivos financeiros da organização e saibam como contribuir para alcançá-los.

A combinação dessas práticas cria uma abordagem integrada para a gestão financeira estratégica. Com um orçamento robusto, métricas claras, planejamento de riscos, ferramentas tecnológicas e líderes capacitados, as empresas podem superar os desafios financeiros e estabelecer uma base sólida para crescimento sustentável e sucesso de longo prazo.

A saúde financeira é o alicerce que sustenta todas as decisões estratégicas de uma organização. Sem um controle financeiro robusto e a alocação eficiente de recursos, os esforços estratégicos correm o risco de fracassar, comprometendo a sustentabilidade do negócio a longo prazo. A gestão financeira estratégica, com práticas como orçamentos detalhados, métricas claras, planejamento de riscos e capacitação de líderes, não é apenas uma necessidade operacional, mas uma vantagem competitiva.

Ao construir uma base sólida de saúde financeira, as organizações podem tomar decisões informadas, identificar oportunidades de crescimento e enfrentar desafios com maior resiliência. Essa abordagem permite que os recursos sejam direcionados para iniciativas que realmente impulsionam a inovação e a eficiência, fortalecendo a posição da empresa no mercado.

Mais do que números e relatórios, a gestão financeira estratégica representa uma mentalidade orientada para a criação de valor sustentável. Quando bem executada, ela transforma a saúde financeira em um motor para o sucesso organizacional, garantindo que cada decisão seja fundamentada em dados concretos e voltada para resultados positivos e duradouros.

Capítulo 6

Inovação e Transformação Digital

A inovação e a transformação digital são essenciais para que as organizações permaneçam competitivas em um ambiente de negócios cada vez mais dinâmico e tecnológico. No entanto, muitas empresas enfrentam barreiras significativas ao tentar adotar novas tecnologias e processos. A resistência à inovação e a dificuldade na implementação de ferramentas digitais podem ser causadas por uma variedade de fatores, incluindo a falta de compreensão sobre os benefícios das mudanças, a ausência de uma cultura voltada para a inovação e a relutância dos colaboradores em sair de suas zonas de conforto.

Essa resistência muitas vezes resulta em processos obsoletos, desperdício de recursos e perda de oportunidades. Empresas que não abraçam a transformação digital correm o risco de ficar para trás, especialmente em setores onde a tecnologia avança rapidamente. Por exemplo, organizações que hesitam em adotar soluções baseadas em dados podem perder insights valiosos que poderiam impulsionar a tomada de decisões e melhorar a eficiência operacional.

Além disso, a resistência interna à inovação pode prejudicar a colaboração e a criatividade, dois elementos fundamentais para o sucesso no mercado atual. Quando os colaboradores não estão engajados com a transformação digital, a implementação de novas ferramentas pode se tornar um processo lento e ineficaz, gerando frustrações e comprometendo os resultados esperados.

A superação dessas barreiras exige uma abordagem estratégica que integre a cultura organizacional, a capacitação dos colaboradores e o investimento em tecnologia. É preciso transformar a inovação e a adoção tecnológica em prioridades claras, mostrando a todos os níveis da organização os benefícios tangíveis que essas mudanças podem trazer. Neste capítulo, exploraremos como as empresas podem abraçar a transformação digital e construir uma cultura que fomente a inovação em todos os aspectos de suas operações.

Para superar a resistência à inovação e a dificuldade na adoção de tecnologia, é essencial implementar ações estratégicas que integrem cultura organizacional, tecnologia e capacitação. O primeiro passo para uma transformação bem-sucedida é criar uma cultura que valorize a inovação. Essa mudança começa na liderança, com gestores demonstrando abertura para novas ideias e incentivando o pensamento criativo. Promover um ambiente onde os colaboradores sintam-se seguros para propor soluções inovadoras é crucial para construir uma mentalidade de evolução contínua. Além disso, reconhecer e recompensar iniciativas inovadoras fortalece a motivação e reforça o compromisso com a transformação digital.

Outro aspecto fundamental é identificar e implementar ferramentas digitais que estejam alinhadas aos objetivos da empresa. A tecnologia deve ser vista como um meio para alcançar metas estratégicas, e não como um fim em si mesma. Antes de adotar qualquer solução, é importante realizar uma análise detalhada das necessidades organizacionais e selecionar ferramentas que resolvam problemas específicos ou melhorem a eficiência de processos existentes. Por exemplo, uma empresa de varejo pode adotar softwares de gerenciamento de estoque baseados em inteligência artificial para prever demandas e otimizar a logística, enquanto uma organização de serviços pode investir em plataformas de automação para melhorar o atendimento ao cliente.

Treinar equipes para adotar novas tecnologias é outro elemento indispensável do processo. A falta de conhecimento ou confiança em relação às ferramentas digitais é uma das principais causas de resistência à transformação. Investir em programas de capacitação que demonstrem, de maneira prática, como as novas tecnologias podem facilitar o trabalho e gerar melhores resultados é essencial para engajar os colaboradores. Além disso, é importante oferecer suporte contínuo, garantindo que todos tenham os recursos necessários para se adaptarem às mudanças.

Estabelecer parcerias com startups e fornecedores tecnológicos também pode acelerar a transformação digital. As startups geralmente têm uma abordagem ágil e criativa para resolver problemas e podem fornecer soluções inovadoras adaptadas às necessidades específicas da organização. Por sua vez, fornecedores tecnológicos estabelecidos oferecem expertise, infraestrutura e suporte robusto para a implementação de grandes projetos. Essas colaborações permitem que a organização aproveite o melhor dos dois mundos: inovação ágil e suporte técnico confiável.

Por fim, monitorar tendências tecnológicas relevantes é indispensável para manter a organização à frente no mercado. A transformação digital não é um evento único, mas um processo contínuo que exige atenção constante às mudanças no ambiente tecnológico. Isso inclui a análise de tendências emergentes, como inteligência artificial, blockchain, computação em nuvem e internet das coisas (IoT), para identificar quais podem ser aplicadas ao contexto organizacional. Manter-se atualizado sobre essas tendências ajuda a organização a antecipar mudanças no mercado e a se preparar para novas oportunidades.

Quando essas práticas são combinadas, a transformação digital deixa de ser um desafio e se torna uma vantagem competitiva. A criação de uma cultura inovadora, a escolha cuidadosa de ferramentas, a capacitação de equipes, as parcerias estratégicas e a vigilância tecnológica proporcionam uma base sólida para o crescimento sustentável e para o sucesso no ambiente de negócios atual, altamente dinâmico e impulsionado pela tecnologia.

A transformação digital não é mais uma opção; tornou-se uma necessidade para qualquer organização que deseja permanecer relevante em um mercado competitivo e em constante evolução. Ao adotar tecnologias inovadoras e promover uma cultura voltada para a inovação, as empresas não apenas modernizam suas operações, mas também se posicionam para aproveitar novas oportunidades, aumentar sua eficiência e entregar mais valor aos clientes.

Organizações que resistem à transformação digital correm o risco de estagnação, enquanto aquelas que abraçam a mudança ganham a agilidade necessária para se adaptar rapidamente às demandas do mercado. A implementação de tecnologias alinhadas aos objetivos estratégicos, combinada com o treinamento de equipes e parcerias com startups e fornecedores tecnológicos, permite que a transformação digital seja incorporada de maneira eficaz e sustentável.

Mais do que uma atualização tecnológica, a transformação digital é um processo de reimaginação organizacional. Ela conecta inovação e estratégia, criando empresas mais resilientes, competitivas e preparadas para enfrentar os desafios do futuro. Investir nessa jornada não é apenas uma estratégia inteligente, mas uma prioridade para o crescimento e o sucesso contínuo em um mundo cada vez mais digital.

Capítulo 7
Governança Corporativa e Sustentabilidade

Everaldo Dias Vieira

A governança corporativa e a sustentabilidade são os alicerces de uma organização ética, responsável e orientada para o futuro. No entanto, muitas empresas enfrentam desafios significativos relacionados à falta de transparência e responsabilidade social. Essas falhas podem minar a confiança dos stakeholders, prejudicar a reputação da organização e limitar seu impacto positivo na sociedade e no meio ambiente.

A ausência de transparência cria barreiras na comunicação com investidores, clientes e colaboradores, tornando as operações menos confiáveis e aumentando os riscos organizacionais. Ao mesmo tempo, a negligência em relação à responsabilidade social coloca em risco a conexão com a comunidade e a relevância da empresa em um mundo cada vez mais preocupado com questões como mudanças climáticas, justiça social e governança ética.

Por exemplo, uma empresa que não divulga informações claras sobre suas práticas ambientais ou financeiras pode enfrentar críticas públicas e desconfiança por parte dos investidores. Da mesma forma, uma organização que ignora as demandas de sua comunidade local ou contribui negativamente para o meio ambiente compromete seu crescimento a longo prazo.

Neste capítulo, discutiremos como práticas robustas de governança corporativa e sustentabilidade não apenas mitigam esses problemas, mas também criam oportunidades para fortalecer a reputação, atrair talentos e promover o sucesso financeiro e social. Essas práticas, quando bem implementadas, posicionam a organização como líder em ética e inovação sustentável, garantindo sua relevância e resiliência em um mercado em constante transformação.

Para abordar a falta de transparência e responsabilidade social, as organizações precisam adotar práticas que promovam governança corporativa robusta e um compromisso genuíno com a sustentabilidade. A primeira etapa é implementar um conselho de governança eficaz, composto por membros diversificados e experientes, capazes de fornecer orientações estratégicas e supervisionar a execução das práticas éticas da empresa. Esse conselho deve atuar como um guardião da integridade organizacional, garantindo que as decisões estejam alinhadas com os valores da empresa e as expectativas dos stakeholders. Um exemplo é estabelecer reuniões periódicas para avaliar o desempenho e implementar ajustes estratégicos, promovendo uma cultura de responsabilidade e liderança exemplar.

Além disso, criar relatórios regulares de sustentabilidade é uma ferramenta poderosa para aumentar a transparência e construir confiança. Esses relatórios devem detalhar o impacto ambiental, social e econômico das operações da empresa, apresentando metas claras e resultados alcançados. A divulgação de dados tangíveis, como a redução de emissões de carbono ou a economia de recursos naturais, demonstra o compromisso da organização com a sustentabilidade e fortalece sua reputação perante investidores e clientes.

Desenvolver políticas claras de compliance e ética é outra solução essencial. Essas políticas não apenas estabelecem padrões de conduta, mas também garantem que os colaboradores e parceiros comerciais compreendam suas responsabilidades. A implementação de treinamentos regulares sobre ética corporativa e a criação de canais confidenciais para denúncias são práticas que reforçam a cultura de integridade e reduzem riscos relacionados a comportamentos inadequados.

Envolver a empresa em iniciativas de impacto social amplia seu alcance e fortalece sua conexão com a comunidade. Programas como parcerias com ONGs, voluntariado corporativo e apoio a projetos educacionais ou ambientais são formas concretas de demonstrar responsabilidade social. Essas ações criam valor compartilhado, beneficiando tanto a sociedade quanto a organização, ao mesmo tempo que aumentam o engajamento dos colaboradores e melhoram a percepção da marca.

Por fim, promover a transparência em todas as operações é fundamental para construir e manter a confiança dos stakeholders. Isso envolve a divulgação clara e acessível de informações financeiras, operacionais e estratégicas. Além disso, a comunicação aberta com os clientes e investidores, especialmente em momentos de crise, ajuda a mitigar preocupações e demonstra o compromisso da empresa com a honestidade e a responsabilidade.

Ao implementar essas soluções, a organização não apenas aborda os problemas de falta de transparência e responsabilidade social, mas também se posiciona como um modelo de liderança ética e inovação sustentável. Essas práticas criam um ciclo positivo, no qual a confiança e o engajamento dos stakeholders impulsionam o sucesso a longo prazo, garantindo a relevância e a resiliência da empresa em um mercado em constante evolução.

A governança corporativa é o alicerce que sustenta a integridade, a transparência e a responsabilidade de uma organização. Quando bem implementada, ela constrói a confiança dos stakeholders, desde investidores até colaboradores, clientes e comunidades. Essa confiança é essencial não apenas para a estabilidade operacional, mas também para o crescimento sustentável em um ambiente de negócios competitivo e em constante transformação.

Ao integrar práticas éticas, relatórios de sustentabilidade e uma comunicação aberta, as empresas demonstram seu compromisso com a responsabilidade social e ambiental. Essas ações não apenas fortalecem a reputação da organização, mas também atraem investimentos, talentos e parcerias estratégicas que promovem a inovação e a resiliência.

A governança corporativa eficaz não é apenas uma obrigação, mas uma vantagem competitiva que cria valor a longo prazo. Ela estabelece uma base sólida para a tomada de decisões conscientes e para o alinhamento entre os objetivos organizacionais e as expectativas da sociedade. Ao adotar essas práticas, as empresas não apenas garantem sua relevância no mercado, mas também contribuem para um futuro mais sustentável e ético.

Capítulo 8

Gestão de Crises e Resiliência Organizacional

A falta de preparo para lidar com crises é um dos maiores riscos que uma organização pode enfrentar. Crises, sejam elas financeiras, operacionais, de reputação ou até mesmo relacionadas a desastres naturais, têm o potencial de interromper operações, prejudicar a confiança de stakeholders e comprometer o futuro da empresa. Muitas organizações subestimam a probabilidade de crises ou acreditam que podem improvisar soluções quando elas surgirem. No entanto, sem um planejamento robusto, as respostas às crises tendem a ser descoordenadas, lentas e ineficazes.

Essa falta de preparo pode ser resultado de uma liderança que não prioriza a gestão de riscos, da ausência de planos de contingência ou da falta de treinamento adequado para colaboradores. Por exemplo, uma crise financeira inesperada, como a perda de um grande cliente ou um aumento nos custos operacionais, pode desestabilizar uma empresa que não possui reservas financeiras ou estratégias para diversificar suas receitas.

Neste capítulo, exploraremos as práticas essenciais para preparar organizações para crises e como construir resiliência organizacional. Vamos abordar como identificar vulnerabilidades, planejar respostas e transformar desafios em oportunidades para fortalecer a organização.

1. Criar um Plano de Gestão de Crises

Um plano de gestão de crises é o guia fundamental para enfrentar eventos inesperados de maneira estruturada. Esse plano deve incluir uma análise detalhada dos potenciais riscos que a organização pode enfrentar, os responsáveis por liderar a resposta e os recursos necessários para mitigar impactos. É importante desenvolver cenários específicos para crises financeiras, reputacionais, operacionais ou relacionadas à segurança.

Exemplo prático: Uma empresa de manufatura pode incluir em seu plano ações para lidar com interrupções na cadeia de suprimentos, como estabelecer fornecedores alternativos e manter um inventário estratégico.

2. Treinar Equipes para Resposta Rápida e Eficaz

O treinamento regular das equipes é essencial para garantir que todos saibam como agir durante uma crise. Simulações e exercícios práticos ajudam os colaboradores a compreenderem suas funções e responsabilidades em momentos críticos, além de identificar possíveis falhas nos processos antes que as crises reais ocorram.

Exemplo prático: Um exercício de simulação pode envolver uma crise de segurança de dados, onde a equipe de TI pratica protocolos de contenção, enquanto os gestores de comunicação elaboram respostas para stakeholders.

3. Estabelecer Canais de Comunicação Claros para Emergências

Durante uma crise, a comunicação clara e eficaz é vital para reduzir o pânico, coordenar ações e manter a confiança dos stakeholders. Canais de comunicação designados devem ser preparados para informar colaboradores, clientes, fornecedores e o público em geral de maneira rápida e transparente.

Exemplo prático: Uma empresa pode configurar um sistema de alerta via SMS para informar seus colaboradores sobre instruções imediatas durante emergências, como evacuações ou mudanças operacionais.

4. Avaliar Lições Aprendidas Após Cada Crise

Após superar uma crise, é crucial realizar uma análise detalhada do que funcionou bem e onde houve falhas. Essa avaliação permite ajustes nos planos existentes e garante que a organização esteja mais bem preparada para futuras crises.

Exemplo prático: Após enfrentar uma crise de reputação, como uma controvérsia pública, a organização pode revisar suas políticas de comunicação e implementar novas diretrizes para evitar problemas semelhantes no futuro.

5. Desenvolver Estratégias para Recuperação Pós-Crise

A recuperação pós-crise é tão importante quanto a resposta inicial. Desenvolver estratégias para restaurar a operação normal e reconstruir a confiança dos stakeholders é essencial para minimizar os danos de longo prazo. Isso pode incluir iniciativas de marketing para recuperar a reputação, reestruturação financeira ou melhoria de processos internos.

Exemplo prático: Após uma crise financeira, a empresa pode lançar uma campanha de transparência para informar os investidores sobre suas ações corretivas, enquanto implementa estratégias para diversificar sua base de clientes e aumentar a resiliência financeira.

Ao implementar essas soluções práticas, as organizações podem transformar a gestão de crises em uma vantagem estratégica. Um plano bem estruturado, equipes treinadas, comunicação eficaz, aprendizado contínuo e estratégias de recuperação criam uma base sólida para enfrentar desafios com confiança e resiliência, garantindo a continuidade e o crescimento sustentável da organização.

Empresas resilientes não apenas sobrevivem a adversidades, mas saem delas mais fortes e bem preparadas para os desafios futuros. A resiliência organizacional é construída por meio de um planejamento sólido, treinamento adequado e a capacidade de aprender com cada crise enfrentada. Quando as empresas estão prontas para agir rapidamente e de forma coordenada, elas minimizam os impactos negativos e protegem sua reputação, recursos e relacionamentos.

Superar crises exige mais do que estratégias reativas; requer uma abordagem proativa que fortaleça a capacidade de adaptação e inovação. Empresas resilientes não apenas restauram suas operações após uma crise, mas aproveitam as lições aprendidas para ajustar seus processos, tornando-se mais eficientes e competitivas. Essa habilidade de transformar desafios em oportunidades cria confiança entre os stakeholders e reforça sua posição no mercado.

No cenário atual, onde mudanças rápidas e imprevistos são a norma, a resiliência organizacional é um diferencial estratégico indispensável. Empresas que investem em gestão de crises, comunicação eficaz e recuperação robusta não apenas enfrentam as tempestades com coragem, mas emergem delas mais capacitadas para liderar em seus setores. A capacidade de superar adversidades e aprender com elas é o que define organizações verdadeiramente preparadas para o futuro.

Capítulo 9

Alinhando a Estratégia à Experiência do Cliente

A experiência do cliente é um dos principais fatores que determinam o sucesso de uma organização no mercado moderno. No entanto, muitas empresas ainda falham em alinhar suas estratégias às reais necessidades e expectativas de seus clientes. Essa desconexão frequentemente resulta em produtos e serviços que não atendem às demandas do público-alvo, gerando insatisfação, perda de fidelidade e, em última instância, a redução da competitividade.

A falta de foco nas necessidades dos clientes pode ser consequência de processos internos excessivamente centrados na eficiência operacional ou na busca por lucro, sem levar em conta a perspectiva do consumidor. Quando as decisões estratégicas não consideram a experiência do cliente como um elemento central, a organização corre o risco de criar uma lacuna entre o que oferece e o que o mercado realmente valoriza. Por exemplo, uma empresa pode implementar uma nova tecnologia para acelerar o atendimento, mas, ao ignorar o impacto dessa mudança na interação humana, acaba prejudicando a satisfação do cliente.

No ambiente atual, em que o cliente tem acesso a mais opções do que nunca, compreender e antecipar suas expectativas tornou-se essencial. Negligenciar essa prioridade não apenas aliena consumidores existentes, mas também dificulta a atração de novos públicos. Isso é especialmente relevante em um cenário onde as avaliações e recomendações de clientes têm um impacto direto na reputação e no desempenho financeiro da empresa.

Neste capítulo, exploraremos como as empresas podem reverter essa desconexão ao colocar o cliente no centro de sua estratégia. Abordaremos práticas que ajudam a alinhar processos, cultura organizacional e decisões estratégicas à experiência do cliente, transformando essa relação em uma vantagem competitiva sustentável.

Para superar a falta de foco nas necessidades e expectativas dos clientes, é fundamental adotar soluções práticas que alinhem a estratégia organizacional à experiência do consumidor. Realizar pesquisas regulares de satisfação é uma das maneiras mais eficazes de entender as demandas do público. Essas pesquisas fornecem insights valiosos sobre o que os clientes valorizam, permitindo que as empresas ajustem suas ofertas e identifiquem áreas de melhoria. Uma organização que utiliza ferramentas como questionários online ou entrevistas pós-compra demonstra seu compromisso em ouvir e atender às vozes de seus consumidores.

Outro passo essencial é mapear a jornada do cliente. Compreender como os clientes interagem com a marca em cada ponto de contato – desde o primeiro engajamento até o pós-venda – ajuda a identificar gargalos e oportunidades de melhoria. Por exemplo, se o mapeamento revela que a etapa de pagamento em um e-commerce é frequentemente abandonada, isso sinaliza a necessidade de simplificar o processo para reduzir a frustração do cliente.

A personalização de produtos e serviços com base no feedback é outro aspecto crítico para alinhar a estratégia à experiência do cliente. Os consumidores esperam soluções que se adaptem às suas necessidades individuais, e as empresas que conseguem atender a essas expectativas ganham vantagem competitiva. Usar os dados obtidos em pesquisas e análises de comportamento do cliente permite criar experiências mais significativas, como recomendações personalizadas ou ofertas sob medida.

Implementar métricas como o NPS (Net Promoter Score) ajuda a monitorar o nível de satisfação e lealdade do cliente. Essa métrica simples, baseada na probabilidade de os clientes recomendarem a empresa, fornece uma visão clara da percepção da marca no mercado. Além disso, o acompanhamento regular do NPS permite que as empresas identifiquem tendências e ajustem suas estratégias proativamente para atender às expectativas.

Por fim, garantir excelência no atendimento ao cliente é indispensável para oferecer uma experiência positiva. Treinar equipes para atender de forma rápida, eficiente e empática faz toda a diferença na construção de uma relação de confiança e fidelidade. Além disso, investir em canais de atendimento diversificados, como chatbots, e-mails e suporte telefônico, permite que os clientes escolham a forma mais conveniente de se comunicar com a empresa.

Quando essas práticas são integradas à estratégia organizacional, a empresa não apenas atende às expectativas dos clientes, mas também cria uma cultura centrada no consumidor. Isso não apenas aumenta a satisfação, mas também fortalece a fidelidade e a reputação da marca, transformando a experiência do cliente em um diferencial competitivo sustentável.

Colocar o cliente no centro das decisões estratégicas é uma abordagem que vai além de atender às demandas imediatas; é um investimento no futuro da organização. Quando as empresas priorizam as necessidades e expectativas de seus clientes, elas criam conexões mais fortes e duradouras, resultando em maior fidelidade e confiança. Essa relação, construída sobre uma base de compreensão e entrega de valor, transforma o cliente em um verdadeiro embaixador da marca.

Ao alinhar a estratégia organizacional à experiência do cliente, as empresas não apenas melhoram a satisfação e a retenção, mas também impulsionam o crescimento sustentável. Clientes satisfeitos não só permanecem fiéis, como também recomendam a empresa a outros, expandindo organicamente sua base de consumidores. Além disso, o feedback contínuo dos clientes fornece insights valiosos para inovação, permitindo que a organização permaneça relevante em um mercado em constante evolução.

Essa abordagem centrada no cliente é um diferencial competitivo que separa empresas líderes das demais. Ao investir na experiência do cliente como parte essencial da estratégia, a organização não apenas maximiza seus resultados financeiros, mas também fortalece sua reputação e impacto no mercado. Afinal, quando o cliente está no centro das decisões, o sucesso se torna uma consequência natural.

Capítulo 10

Indicadores de Desempenho e Resultados

No mundo corporativo, medir e acompanhar o progresso organizacional é essencial para garantir que os esforços estratégicos estejam produzindo os resultados desejados. No entanto, muitas empresas enfrentam dificuldades nesse aspecto, seja por falta de métricas claras, seja por sistemas ineficientes de coleta e análise de dados. A ausência de indicadores de desempenho bem definidos deixa a organização à mercê de decisões baseadas em suposições, comprometendo a eficiência, a produtividade e, muitas vezes, os resultados financeiros.

O problema não reside apenas na ausência de indicadores, mas também na escolha incorreta ou no uso inadequado deles. Indicadores irrelevantes ou mal definidos podem gerar uma falsa percepção de progresso, mascarando áreas problemáticas que exigem atenção imediata. Além disso, a falta de alinhamento entre os indicadores de desempenho e os objetivos estratégicos da empresa cria um descompasso que dificulta a tomada de decisões informadas e eficazes.

Por exemplo, uma empresa que se concentra apenas em métricas financeiras pode ignorar indicadores relacionados à satisfação do cliente ou à eficiência operacional, o que pode levar a um crescimento insustentável. Da mesma forma, uma organização que coleta grandes volumes de dados sem uma estratégia clara para analisá-los e interpretá-los pode se ver sobrecarregada por informações, mas sem nenhuma visão prática.

Neste capítulo, exploraremos como a implementação de indicadores-chave de desempenho (KPIs) pode resolver esses problemas e transformar a gestão organizacional. Discutiremos as etapas para selecionar os indicadores certos, alinhá-los aos objetivos estratégicos e usá-los para tomar decisões informadas que impulsionem a eficiência e o crescimento da organização.

Para superar a dificuldade em medir e acompanhar o progresso organizacional, as empresas precisam implementar soluções práticas e eficazes que transformem dados em ações estratégicas. O primeiro passo é definir KPIs (Key Performance Indicators) relevantes para cada área da organização. Esses indicadores devem refletir os objetivos estratégicos e ser adaptados às necessidades específicas de departamentos como vendas, marketing, operações e finanças. Por exemplo, enquanto o KPI de um departamento de vendas pode ser a taxa de conversão de leads, o de operações pode se concentrar na eficiência de produção ou na redução de custos.

A criação de dashboards para a visualização de métricas é uma prática indispensável. Dashboards bem projetados fornecem uma visão clara e consolidada dos dados, permitindo que líderes e equipes acompanhem o desempenho em tempo real. Essas ferramentas ajudam a identificar tendências, gargalos e oportunidades, oferecendo informações visuais que facilitam a compreensão e a tomada de decisões. Por exemplo, um dashboard financeiro pode destacar a evolução de receitas e despesas ao longo do tempo, permitindo ajustes rápidos no orçamento.

Monitorar o desempenho em tempo real é outro aspecto essencial para garantir que os esforços estejam alinhados às metas organizacionais. Sistemas baseados em tecnologia, como softwares de business intelligence (BI), permitem que a empresa colete e analise dados em tempo real, respondendo rapidamente a mudanças no mercado ou a problemas internos. Essa capacidade de adaptação ágil dá às organizações uma vantagem competitiva, permitindo que se mantenham à frente da concorrência.

Os resultados obtidos por meio desses indicadores devem ser analisados regularmente para ajustar as estratégias organizacionais. Quando as métricas indicam que uma abordagem não está funcionando, é essencial revisar processos, redirecionar recursos e implementar novas iniciativas. Por outro lado, quando os KPIs mostram progresso consistente, eles podem validar e fortalecer estratégias existentes, promovendo uma melhoria contínua.

Por fim, a comunicação clara dos resultados para toda a organização é fundamental. Compartilhar os dados com transparência garante que todos os colaboradores entendam o impacto de seu trabalho no desempenho geral da empresa. Isso não apenas promove o alinhamento entre equipes, mas também aumenta o engajamento e o senso de propósito. Relatórios regulares, reuniões de alinhamento e apresentações visuais podem ser ferramentas eficazes para comunicar os resultados de maneira acessível e motivadora.

Com a implementação dessas práticas, a organização consegue transformar dados em insights acionáveis. Os KPIs tornam-se mais do que números; eles se tornam uma bússola que orienta a empresa em direção a seus objetivos estratégicos. Dashboards, monitoramento em tempo real e análises regulares proporcionam a clareza necessária para tomar decisões informadas, enquanto a comunicação eficaz reforça a coesão e o compromisso em todos os níveis da organização. Essas práticas são o caminho para superar desafios, melhorar o desempenho e garantir um crescimento sustentável.

Monitorar e medir o desempenho organizacional é fundamental para garantir que a empresa esteja no caminho certo em direção aos seus objetivos estratégicos. Indicadores bem definidos, acompanhados de ferramentas adequadas para análise e visualização de dados, permitem identificar rapidamente áreas de melhoria e reforçar práticas que estão gerando resultados positivos. Essa abordagem baseada em dados transforma a gestão em um processo mais dinâmico e assertivo.

Ao adotar KPIs relevantes e monitorá-los em tempo real, as organizações ganham a capacidade de reagir de forma ágil a mudanças no mercado ou desafios internos. Além disso, a análise contínua de resultados permite ajustes estratégicos que promovem a melhoria contínua, otimizando processos e fortalecendo a competitividade. Essa prática não apenas aumenta a eficiência, mas também cria uma cultura de aprendizado e evolução dentro da organização.

A comunicação clara dos resultados assegura que todos os colaboradores estejam alinhados aos objetivos da empresa e entendam o impacto de suas contribuições. Essa transparência fortalece o engajamento e incentiva o trabalho em equipe, criando uma base sólida para o crescimento sustentável. Em um mercado onde a adaptação é essencial, monitorar e medir o desempenho é mais do que uma ferramenta de gestão; é um diferencial estratégico que impulsiona o sucesso a longo prazo.

Conclusão

A o longo deste livro, exploramos os pilares fundamentais da gestão estratégica, suas aplicações práticas e os desafios que líderes e gestores enfrentam em um ambiente corporativo cada vez mais dinâmico. Discutimos como a estruturação estratégica, a liderança eficaz, a inovação, a governança corporativa e outras abordagens podem ser transformadoras quando aplicadas com propósito e clareza. Esses insights são mais do que conceitos teóricos; eles representam ferramentas práticas que podem moldar o futuro das organizações.

A gestão estratégica não é apenas uma técnica de administração; é um motor de transformação. Ela exige que os líderes pensem de forma ampla e integrada, alinhando os objetivos da organização com as necessidades do mercado, as expectativas dos clientes e as capacidades internas. Cada capítulo apresentou estratégias detalhadas para resolver problemas comuns nas organizações, mostrando como cada área – desde o diagnóstico organizacional até a experiência do cliente – pode ser aprimorada para criar valor sustentável.

Este livro é um convite à ação. Adaptar e aplicar os conceitos discutidos exige coragem, visão e comprometimento por parte dos gestores. Não se trata apenas de implementar mudanças pontuais, mas de adotar uma abordagem sistêmica que permeie todas as camadas da organização. A excelência organizacional não é um destino estático, mas uma jornada contínua que exige aprendizado, adaptação e inovação constante.

Encerramos com a certeza de que a transformação organizacional está ao alcance daqueles que estão dispostos a liderar com propósito. A excelência não é um privilégio reservado a poucos; é uma escolha estratégica que começa com uma visão clara e se realiza por meio de ações bem planejadas e executadas. Que este livro seja um guia e uma fonte de inspiração para líderes que buscam não apenas gerir, mas transformar suas organizações em motores de impacto positivo e crescimento sustentável. O futuro pertence àqueles que têm a coragem de moldá-lo, e a gestão estratégica é a chave para essa transformação.

www.ingramcontent.com/pod-product-compliance
Lightning Source LLC
Chambersburg PA
CBHW052321220526
45472CB00001B/218